잉어의 비늘은 죽지 않는다

김 덕 침 시인

- 1994년 《문예사조》 신인상으로 등단

- 부산문인협회 회원
  부산시인협회 이사(역임)
  사하문인협회 부회장(역임)

- 시집『책 속의 잠』
  『내 마을에 내 마음을 썼네』
  『강물은 흰 비늘로 산다』
  (2015년 세종도서 문학나눔 우수도서 선정)
  『잉어의 비늘은 죽지 않는다』

- E-mail : dck-7777@daum.net

김덕침 시집

잉어의 비늘은 죽지 않는다

초판인쇄 | 2024년 10월 25일
초판발행 | 2024년 10월 30일
지 은 이 | 김덕침
펴 낸 곳 | 빛남출판사
등록번호 | 제 2013-000008호
주   소 | (49370) 부산광역시 사하구 감천로 21번길 54-6
T.(051)441-7114 F.(051)244-7115 E-mail.wmhyun@hanmail.net

ISBN 979-11-94030-06-5 (03810))

값 10,000원

＊이 시집은 2024년 부산광역시, 부산문화재단 〈부산문화예술지원사업〉의
  지원을 받아 제작하였습니다.

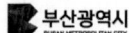

빛남시선 157

잉어의 비늘은 죽지 않는다

김
덕
침

시
집

빛남출판사

• 시인의 말

수시로 들판을 걷고
강변에 넋 놓고 앉아 있는 것이
외로움 때문인가
만날 수 없는 사람, 오지 않는 전화 기다리며
강기슭 시린 외발로 홀로 선
왜가리와 주고 받는 대화도
외로움 때문인가

늘 가까이 내 곁에 있는 시와 손잡고
서툰 걸음 발 맞추어 걸어감이
때론 고뇌의 길이기도 하지만
따뜻한 가슴으로 나를 이끌어 주는
위안과 고독의 원동력에 힘입어
10년 공간의 편린을 묶어
네 번째 시집을 낸다

2024년 가을 낙동강변에서

김덕침

시인의 말 • 7

1부

공간 • 14
편지함에게 • 15
파랑새 • 16
거울 밖에서 • 17
강변에서 1 • 18
강변에서 2 • 19
잉어의 비늘은 죽지 않는다 • 20
생명 1 • 21
생명 2 • 22
쓸어 담는다 • 23
동행1 • 24
동행2 • 26
봄 • 27
진해 꽃구경 • 28
저문 산을 달랜다 • 29
감미로운 우수 • 30
강물은 흰 비늘로 산다 • 31
다대포 해변 • 32
계란 한 쪽 • 33

2부

가지치기 • 36
수반에 꽂힌 꽃의 소묘 • 37
책 속의 잠 • 38
초저녁 별 1 • 39
초저녁 별 2 • 40
해인사 가는 길 • 41
달 그림자 • 42
집수리 • 43
먼지의 독백 • 44
해림산방 • 45
바람의 길 1 • 46
바람의 길 2 • 47
바람의 길 3 • 48
산나리 • 49
인맥 • 50
금정산 산행 • 52
밥 • 53
강을 위한 연가 • 54
민들레를 찾아서 • 56

3부

봄 마중 • 60
늦여름 매미 울음소리 • 61
제 2 병동 • 62
기적 소리 • 63
마중 • 64
벚나무 한 그루 • 66
무화과 • 67
달맞이꽃 • 68
들불 • 69
청솔 그늘에 누워 • 70
가을 편지 • 72
먹구름 • 74
석양 • 76
너럭바위 • 77
꽃대를 기다리며 • 78
꽃은 그 자리에 • 80
저녁빛 • 81
갯벌 • 82
플랫폼 • 83

4부

하얀 철새 • 86
눈물 그렁그렁한 눈에는 • 87
골목과 아이들 • 88
대추나무 앞에 서면 • 89
선물 • 90
봄, 소리 • 91
윤슬 • 92
호접난 • 93
고정관념 • 94
일출 • 95
문경새재 • 96
헝가리 • 98
폼페이 • 99
데카포 호수 • 100
밀포드 사운드 가는 길 • 102
원시림 속의 • 104
로마 소나무 • 105

해설_근원을 향한 강물의 시인 / 박대현 • 108

1 공간

공간

세월이 벌목해 간 빈터를
뭇새들의 놀이터로 내어준다면
외로움은 저만치서 주춤거리겠지

한세월 그러하였노라는 말
다 무슨 소용 있으랴

모진 비바람에도
흔들리는 가지는 부러지지 않으리

울창한 삼림은 다시 볼 수 없어
어찌 아름답고 즐거운 일만 가득하리

넘치지 않는 피안의 길
변함없이 서성거리는

편지함에게

그가 남긴 강물 소리에
뚝뚝 떨어지는 후박나무 이파리
애써 주워 담는다고
배고프지 않으랴

비워 두고 살거라
외로움만 먹고도 부른 배를
네가 그의 손과 마음을 잡는다고
섬섬옥수로 흐르는 물
봇물로 가둔다고
배고프지 않으랴

들릴 듯 말 듯 먼 그대
심연의 박동소리 귀 기울이며
우울한 늪에 빠지기 전에
차라리 외면하고 살거라

파랑새

시퍼렇게 돋은 강물의 팔둑에
마음자락 휘날리며 나는 걸었다
흘러간 옛 노래 앞세우고

길 위에서
닿지 못하는 사랑의 끈을 찾는다
닿을 수 없는 운명의 매듭에 넘어진다

고독과 적막은 파랑새의 먹이로 준다
파랑새를 살찌우는 건
수취인이 불명인 애절한 마음을
배달하기 위한 일

검푸른 파도를 넘고 넘어
그땐 그러하였노라고
말하고 싶어서

거울 밖에서

생각날 때마다
무심코 쳐다보는 거울이 돌연
나를 불러 세운다
거울 속의 눈이 거울 밖의 눈을
꿰뚫어 본다
서로의 눈이 맞닥뜨려
밀고 당기다 보면
난데없는 까마귀 소리 귀를 스치고
뿌리째 흔들리는 나무를 본다
그렇다 예사로운 일이 아니다
사방은 벽으로 둘러서고
닿을 수 없는 곳으로 닿지 못하는
가슴을 휘젓는 의문들은
거울 속의 새로운 얼굴이 무서워
거울 속의 나를
거울 밖으로 끌어낸다

강변에서 1

벗이여
마음이 울가망한 날은
강변으로 오라
강변에 기대선 수양버들의
촉촉이 젖은 눈시울에
넘쳐흐르는 꿈을 만나러 오라

보드라운 햇살에 놀던
지친 강물이
산그늘을 길어 올리기 전에
어서 오라

벗이여
행여 늦더라도
우리 뜨거운 손잡고
눈물범벅의 낙동강
거꾸로 흐르는 물결에 상처의
달덩이를 건지자

강변에서 2

오늘도 강변에 섰다
내 삶의 여윈 고독을 태워
유유히 흐르는 저 강물
해슬피 갈대들의 몸부림도
강 너머 첨단의 불빛도
차디찬 세상인심에 눈 멀었는가
꼬리를 문 민들레의 정의는
불타오르고
완력의 불의는 기세등등하여라

아! 강물이여
네 깊은 속내
네 맑은 심연의 향기에
나는 왜 이리 눈물밖에
줄 수 없는가

잉어의 비늘은 죽지 않는다

메콩강 하류에서
튀긴 잉어의 날카로운 비늘을 만났다
흐린 강 바닥을 박차고
주춤거리던 날개 활짝 펴
천상으로 날아오르는 영혼의
비명 소리 듣는다

왠지 쓸쓸하여 나는
텅 빈 그의 뱃속을 걸어간다
그는 익숙한 표정으로 나를 반기며
남은 한 조각 우울, 훌훌 털고 가라고
죽음은 죽은 것이 아니라
또 다른 생명을 잉태한다고
번쩍이는 비늘의 힘을 보여 주었다

생명 1

강물에 실려
호수로 들어온 죽은 갈대가
마디마디 푸른 새싹을 틔워
죽음이 삶이 되고 삶이 죽은 것이다
질펀히 눈 뜬 새 삶
자연에 순응하는 물의 힘일까
죽음에 항거하는 갈대의 힘일까
날개를 단 갈대, 또 어디로 떠나
자유의 몸이 되려고
부신 햇살 부담스러워
바람의 물결 뒤에 몸을 숨긴다
죽은 갈대들의 거대한 모의
무질서가 질서인 세상 밖으로 떠날
채비에 분주한 생명들 이제
누구의 명령을 기다리는가

생명 2

폭풍우 지난 뒤
가슴을 활짝 연 낙동강

먼 길 달려온 꿈을 여윈 강물이
먹구름의 수청 들어 몸이 무겁고

발이 묶인 공항의 비행기들
하나 둘 세상 밖으로 눈 뜨는데

세상 인정에 목마른 사람아
푸른 하늘이 보일 때까지
온몸으로 죽은 나뭇가지 밀어 올리자

죽은 나무의 등걸에 꽃이 필 때까지
먹구름의 하늘을 밀어 올리자

쓸어 담는다

눈을 들어 강 건너를 바라본다
다리 위를 달리는 자동차의 행렬
생존의 선율을 타고 질서를 어기지 않는다

삶에 지친 사람들의 처소는 밤낮없이
공중에 매단 등불 아래
촘촘한 언어의 색깔을 입혀
기다림의 잔주름이 늘어나고

옛길 나그네 이슬 젖은 노랫가락
풀벌레 장단에 그리움은 더하고
까막까치 텃새들의 울부짖음에
싸리 빗자루가 가을을 쓸어 담는다

눈먼 고양이는 밤낮없이 짝을 찾고
새벽 어스름 달빛은
흐린 하늘을 쓸어 담는다

동행 1

생각의 잔주름이 늘어나면
무작정 집을 나가 걷습니다
젖은 지혜의 열쇠를 풀어
말리고 다듬으며 걷습니다

세월의 뒤쪽이 닳아 없어질 때까지
물 물 물 그토록 물을 찾던 당신의
마른 입술을 찾아갑니다

예전에 같이 걷던 길 함께
쉬어 가던 행복했던 길에
마른 목을 추길 눈물 한 바가지
흩뿌립니다
뜨거운 물이 옵니다

해는 져서 사방에 어둠이 깔리면
고요를 비집고 들어오는 적막
담력의 근력의 크기를 재며

시련의 흔적 보듬고 또 보듬습니다

새살이 차오른 먼 곳의 당신
늘 함께 걷습니다

동행 2

바람 한 점 없는
참 맑은 날
콩알만 한 작은 가슴 하나로
넓디넓은 당신의 마음 만나기 위해
강변으로 들판으로 두 팔 휘저으며 걷습니다
파랑새의 날개를 빌어 타고 가다가
당신과 함께 걷던 길엔 쉬어 갑니다
아무도 듣지 않는 외길에서는
응응응 소리 내어 당신을 찾습니다

아무 곳에도 없는 당신
아시나요
언제 어디서나 늘 함께 있다는 사실을

봄

다소곳한 여인이 아니다

너나 나도 간절히 부르니

달뜨서 간 큰 여자다

가까이 가면 달아나고

잊었는가 하면 절뚝이며 달려오는

잔설을 머리에 이고

울다 웃었다

변덕쟁이 얄미운 여인

진해 꽃구경

진해 경화역 앞의 오래된 벚나무
검은 나무 기둥들의
잔치 한마당에 굽은 등 곧추세운다
오랜 세월 둥지 튼 질서 앞에
숙연해지는 마음
시련과 상처 안으로 딛고 일어선
환히 비추는 위로와 안식
중앙시장 도다리회 한 접시에
세상 근심 털어내니

굽은 등 비비며
살아온 사실이 참으로 새로워
오! 탄성의 봄 하늘

저문 산을 달랜다

구름 한 조각 한라산의 허리께에 심상찮더니
백록담에서 본 푸른 하늘이 금세 화를 낸다
산이 울어 달랠 길 막막하다
행여 헛디딜까 헛디뎌 보고 싶은 길이 손짓한다
길은 멀어 가도가도 캄캄한
질펀이는 발자국 소리에
고사목이 살아서 길을 가르킨다
오랜 세월 그리던 품이 아니던가
포근히 안기고 싶은 마음 잠시뿐
넓은 가슴 한사코 밀어내며
신발끈을 풀었다 조였다 하는
변덕스런 나를 보고
산이 노한다
밀고 당기며 싸우다가
과욕을 부린 내 모습이 부끄러워
온몸으로
저문 산을 달랜다

감미로운 우수

공사장 철근 소리가
새벽을 연주하는 것도
시간의 소리가 울고 웃어
건물의 높이가 되는 것도
새벽 어스름에 감미로운 우수다

대형 크레인이 자본의 무게를
들었다 놓았다 하는 사이
노동의 하루는
버릴 수 없는 질긴 땀방울로
긴 끈을 이어간다

강물은 흰 비늘로 산다

그가 산다는 것은 쉼없이 어디로 떠나고 싶은
마음이라고,
그가 외롭지 않다고 말하는 것은 마른 갈대
소리에 귀 세우는
바람의 유혹을 견딜 수 있는 힘이라고,
산그림자 팔베개로 누운 아침 젖을 물리듯
깊은 고요를 안고
질펀한 기억 속 기다림의 발자국을 강가를
서성이는 물안개로 닦아
하나, 둘 물속으로 밀어넣는 일이라고,
잉어떼 흰 비늘 등에 업고 누구도 넘볼 수 없는
튼실한 뿌리로
산다는 것임을 설익은 비린내에게 말한다

다대포 해변

모래는 물결에 삽니다
잔잔히 밀려오는 속삭임에
하얀 속살 내어 주고
긴 여정의 파도 거두어들입니다

켜켜이 쌓인 그리움
때로는 탄환같이
때로는 솜처럼 부드럽게
포기할 수 없는 사랑
품고 또 품습니다

떠나보내는 아픔도
돌아오는 기쁨도
스며드는 물살의 인연의 고리

여기
오랜 세월
날마다 새로운 사랑입니다

계란 한 쪽

 창호지로 꼬아 올린 심지가 참기름을 태운다 섣달 그믐밤에 달이 없어도 환한 얼굴들 도란도란 밤을 새운다 어머니는 풀 먹인 치마소리와 하얀 버선코 앞세우고 부엌과 곳간과 마루 위 성주 앞에 불을 밝혀 작은 목소리로 무언가 빌고 계신다 그믐밤에 잠을 자면 눈썹이 하얗게 센다는 삼촌의 말씀에 어린 나는 밤이 이슥하도록 견디다 버틸 수 없어 잠이 든다

 흰 눈썹과 검은 눈썹 사이 참기름의 불꽃은 가물거리고 길을 잃어 헤맬 때 어머니가 삶은 계란 한 쪽을 잠든 내 입 안에 넣어 주신다 할머니와 아버지 밥상에만 오르던 먼 빛으로만 보게 하던 그 계란, 그믐밤에 잠든 입속으로 녹아드는 그 맛이 꿈길 속으로 달려간다

2 가지치기

가지치기

좁은 뜰 담장에 기대선
푸른 나무들
겨우 애동이는 벗어났다
언가지 사이 햇빛 불러모아
도란도란 가족이 늘어나면
또 한번
퇴출의 위기를 맞는다
하늘 쳐다본다고 눈썹 잘리고
담장 넘어 골목길 넘본다고
어깨 베어지고
속살 훤히 보이는 남은 심장
상념에 젖은 남루의 나무
나는 그에게
뜨거운 사랑을 퍼부었다

수반에 꽂힌 꽃의 소묘

천지에 자유로이 춤추다가
기꺼이 발이 묶인
다소곳 고운 살결 짧은 축복에
쉼 없는 심장의 두근거림
예리한 이야기들의 젖은 눈시울
잠시 머문 그 입술
우주의 정기에 목마르다가
살과 뼈와 혼이 순간
와르르 무너져 내리는 소풍아
일어서라
일어서라
상처의 옷소매로 눈물을 닦아라

책 속의 잠

 책을 열면 책 속에 갇혀 있던 잠이 책 밖으로 나온다 책 깊숙이 잠겨 있던 잠이 아니라 첫 장 서너 줄 사이에 몰려 있던 잠이 책을 덮고 나온다 잠이 나가고 없는 책 속 깊은 곳으로 한사코 들어갈려는 나에게 잠이 무슨 숨바꼭질하듯 숨었다 나왔다 하다가 와락 목덜미를 끌어안는다 훤히 뚫린 길 위에서도 어두운 골목에서도 휘감아 안은 몸 놓아주지 않는다
 책을 닫으면 밖에 있던 잠이 책 속으로 들어간다 귀가 맑게 트이는 잠 밖으로 온갖 새소리 아이들 뛰노는 소리 골목 가득 출렁인다

초저녁 별 1

눈여겨 본 길
다시 걷는다
수평선을 달려온 파도 소리가
방파제에 놀던
노을을 삼키고 있다
세상 얼룩 함께 지우지 못하고
뒤돌아보면
돛폭에 가리운 그대 얼굴
멀리 아른거릴 때
쓰다 만 편지처럼
파도 소리가 운다
가야 할 길은 아직 먼데
나래 접은 갈매기는 어디서 자는지
조용한 하늘엔
수줍어 얼굴 붉힌 초저녁 별 하나
나를 따라 나선다
별은 비애에 젖는다

초저녁 별 2

오늘은 아무 생각 없이 집을 나섰습니다
구만리 가는 버스를 탔습니다 행여
그대 모습 보일까 그대가 아침저녁으로
지나치며 보는 가로수의 한 잎 낙엽까지도
유심히 바라보며 마을을 휘돌아도
내려야 할 정거장은 보이지 않습니다
그래요 당신은 멀리 계십니다
너무 멀어 가까이 갈 수 없습니다
아닙니다 아주 가까운 곳에 계실지도 모릅니다
그럼에도 제가 보고 싶을 때 만나 뵐 수 없는 것은
어쩌면 당신을 더 오래 뵐 수 있는 길임을
어찌 모르겠습니까
해 지고 저녁 어스름이 눈앞을 가릴 때
집집마다 불빛이 새어 나오고
그대 눈빛을 닮은
초저녁 별을 본 후에야
비로소 발길을 돌렸습니다

해인사 가는 길

기왕에 나선 길
새벽을 표류한 나그네는
발걸음에 돛대와 삿대를 달았다
어스름의 입술을 흔들어 깨물고
검푸른 파도를 헤쳐 나갔으나
배는 계속 표류하다
희뿌연 절 안뜰에 다다르자
안도의 가쁜 숨에
인기척을 느낀 부처님 앞,
새벽을 항해한 엎드린 길손
시린 등에
뜨거운 눈길이 쏟아졌다

달 그림자

밤중에 방안 깊숙이
창을 뚫고 들어온
반갑고 눈물겨운 당신은
누구신가요
도포자락 휘날리며 찾아온
선비인가요

운명의 섭리에 고개 숙인
만날 수 없는 먼 곳의 사랑
오늘 밤
그림자로 오셨나요

집수리

그냥 그대로 살 걸
쥐구멍이나 막고
연기 새는 곳은 도배만 하고 살 걸
아픔 속을 들여다보니
수없이 눈뜨는 묵은 갈증
어수룩한 틈 사이로
굽은 등은 더 굽어지고
때리고 조일수록
고개 들고 일어서는 난수표
두들겨도 반항하지 않는 분노
달래고 잠재우면
아직도 남은 힘 있어
찬찬히 아픔을 딛고 등불 밝힐
그냥 그대로 두고 살 걸

먼지의 독백

바람의 생채기 따라가다
어지러운 한 생을
사뿐히 내려놓습니다

누가 유심히 바라보지 않아도
눈부시게 화려한 빌딩 불빛에도
애써 손발 휘저어 안식의 어둠
채우고 꿰맸습니다

가벼운 날개로 자유로운 삶 갈구하다 되려
위선과 거짓의 붉은 눈 만나
몸 가누기 힘들 때는
쌓인 갈증 조용히 입을 닫습니다

추억을 뒤섞은
너덜너덜한 삶도 다리를 뻗습니다
뻗은 다리 곧추세워 오뚝이로 걷습니다

해림산방

사철 살아 튀는 바다에
옷섶 열어 놓고
점점이 그리운 섬들을 껴안고 사는
숲속 오두막집
헝클어져 가는 마음 묻고
토방에 누우면 장지 밖 묵은 해송
가지 끝에 내려앉은 산새 울음
그대 인연의 못다 한 노래인가
군불 지핀 방바닥에
시린 등을 지지며
먼 기억의 아픈 실타래로
푸른 밤을 지새운다
바다 기슭 파도는 밤새
자갈돌을 주물러
새벽 어스름에 나를 불러낸다

* 해림산방: 거제시 학동 산비탈 오두막

바람의 길 1

분망한 꽃몽우리들
주고받는 대화가
바닥을 치고 오르거나
꽃비 되어 눕는다
화들짝 놀란
저들이 그렇게 바쁘게 움직이는 것은
열매의 다그침인가
비바람의 유혹인가
봄은 왔건만 봄은 없다
시방 나는 밥공장 공장장이다
밥은 먹었건만 배고프다
흉년에 배터질라

바람의 길 2

울적한 날 혼자
중앙동에서 서쪽으로 국제시장 어귀
작은 찻집 프랑스에 들어간다
프랑스의 시골 풍경은 전혀 촌스럽지 않은데
촌가시내 촌스럽게 차를 마시고
촌스럽게 음악 듣고
촌스런 생각 하염없다가
국제시장 골목 어정어정
생각의 꼬리에 등 떠밀려
용두산 허리께에 놀던
저녁해 붉은 볼이
지하철 속으로 촌덩이를 밀어 넣는다
내려야 할 정거장을 한참 지난 후에야
깊이 빠진 촌덩이
간신히 건져 올렸다

바람의 길 3

악천후 속에 길을 나섰다
수없이 쓰러졌다 일어서는
어제 걷던 길이 절며 뛰며
오늘은 밀고 들어온다

숨가쁜 세월 제 살 깎아
투명한 심장 뚫어
바람과 바람 사이
마음에 쥔 것 모두 맡기면

움츠려 고인 봇물
출렁이는 파도 넘어
회환의 살 터지는 소리 들릴까

한 치의 양보 없는 바람 앞에
외로운 등불 하나 밝혀
오랜 나무 뿌리 지키리
무시로 돋는 생채기
껴안으리

산나리
– 하동 청소년수련원에서

금호산에 올라
점박이 얼굴로 반기는 한 여인을 만났다
접시꽃 달개비꽃 맵씨 자랑 한창인데
점점이 굳은살로 살아온 그녀
수줍은 듯 애써 할 말을 감추는 듯
왠지 그녀에게 자꾸 마음이 가는 것은
아, 무슨 인연일까

그리움이 고여 절망에 잠긴 눈매
바람 불면 넘어질라
행여 마음 다칠라
앞산 한 자락 잡아당겨
푸른 날개 달아 줄까

당당한 삶 안겨 주고 싶은
산정의 밤은 깊어가고
계곡의 물소리만 바윗돌을 적신다

인맥
– 박경리 선생님의 3주기에

오월 훈풍 가르며
한 폭의 그림 같은 님의 묘소에 왔습니다

우리들의 방문을 위해
연초록 감나무 초롱 달아 놓으시고
뒷산 뻐꾸기 장단에
통영 앞바다 푸른 물결
한산도의 춤을 보여 주셨습니다

양지공원 푸른 언덕에 님과 함께한
참배객의 숭엄한 잔치 한마당은
배고픈 어린시절 어머니가 제 생일날
고봉으로 담은 흰 쌀밥 한 그릇처럼
갈피갈피 풍성한 뜨거운 육성의 만남이었습니다

넓고넓은 님의 작품 세계
님의 향기로 온누리에 이름 덮혔습니다

이제는
외롭고 고난의 세월 훨훨 접으시어
자연의 숨소리에 감미로운 잠드소서

금정산 산행

범어사 경내를 벗어나니
계속의 심오한 물소리
바윗돌을 적신다

가파른 숨소리 북문을 안으니
시름은 한시름 한시름 무릎 아래 떨어지고
우뚝 솟은 고단봉을 네발로 휘돌아서서

물어물어 찾은 금샘엔
마른 발자국만 남긴다
댕강나무 굴참나무 아래
도토리는 다람쥐가 물어 갔나

빈 도토리 껍질 쓸어안고
가는 길 쉬었다 갈까
무시로 부는 바람 틈 사이로
구름은 슬그머니 하늘을 비켜선다

밥

시가 되지 않는 날은
죽이 된다
노래가 되지 않는 날은
뱃속에 가득 물렁한 죽이 들어찬다
어쩌랴
듣는 사람 없어도 연습을 해야 한다
보는 사람 없어도 춤추어야 한다
왈츠도 집어넣고 노들 강변도 집어넣고
먼 산 바라볼 여유도 없이
밥을 지어야 한다
산일이 넘어서 낳은 미숙아
생긴 대로 키워야 하지 하는 수 없지
버릴 수도 키울 수도 없는
자꾸 밥을 짓는다

강을 위한 연가

아무도 자로 재어 볼 수 없는
그대 깊은 가슴에
넘실대는 물살로 남고 싶다

갈바람에 숨겨진 영혼
차마 흔들리지 않는
질긴 아픔으로
마냥 눈뜨고 싶다

마음 갈피에 우수수
가랑잎 지는 날이면
부질없는 노래로
님의 언저릴 맴돌다가

정화수 한 사발에 소망을 빌던
어머니의 사랑으로
빈 마음 차곡차곡 채워

님에게로 흐르리
님에게로 흐르리

민들레를 찾아서

어느 바람에 숨어 왔을까
민들레 꽃씨 하나
내 방에 들어왔다
내가 일으키는 먼지 속을
바람보다 더 가벼운 몸짓으로
거울 속에 제 모습 비춰 보다가
나무오리 모가지를 흔들어 보다가
침대 모서리를 빙빙 돌더니
새로운 세상이 두려운 듯
숨고 없는
그를 찾아 나선다

한 이백 년 거슬러
그가 다닌 들판이나 풀밭 사이
그가 남긴 발자국을 찾아
풀섶 뒤적이며
내가 어물거리는 동안
그는 전봉준처럼

창 밖으로 날아갔을까
방안에는
그도 없고 나도 없다

3 봄 마중

봄 마중

잔설 위에 또 잔설
그렁그렁 그침 없는 눈물로 살아도
매화는 화사하게 웃고
진종일 내린 진눈깨비 까칠함에도
눈뜨는 여린 생명 함께 보듬어
일어서라 봄이여
일어서서
수십 년 묵은 체증
묶인 밧줄을 풀어라
소리 없이 우는
푸른 바람 앞세워
날개를 달아라

늦여름 매미 울음소리

서서히 울음소리 힘차다
웃다가 가도 짧은 생을 아는 듯
울음소리 벽을 뚫고 창을 연다
귀뚜라미 소리 비집고 들어와
흐린 하늘 처량히 밀어 올린 햇살 아래

늦은 장미의 야윈 목에 걸린
지난여름 못다 한
짙은 숲속 인연의 갈증인가
목이 아프도록 그리움의 실타래
서늘한 바람 한 줄기에
마른 목이 서럽던가

제2병동

한판 승부는 끝났다

입원실 넓은 창 너머로
햇살 반짝이는 잎새들이
깊은 가을을 파도친다

링거 줄에 묶여 있어도
시방 나는 자유다
누워 있어도 환한 햇살
지켜 선 파란 하늘이 있어서
나는 행복하다

뜨거워서 뜨거워서 막힌 눈물
눈물의 길을 열어
맨발로 뛰어 바다에 가 닿으리

기적 소리

문살에 달 그림자 지워지면
멀리서 들려오는 기적 소리
그대 애잔한 몸부림으로 내게 오시나요
함께했던 추억 한마당
별빛으로 숨가쁘게 오시나요

부르면 달려가지 못하고
찾아도 찾지 못하는
잡은 손 더 오래 잡지 못한

당신은 저 길 나는 이 길
만날 수 없는 길 위에
새벽잠을 밀어내고
그렁그렁 눈물 꽃으로 오시나요
부-움 하던 어둠을 깨고
환한 햇살을 찾아 오시나요

마중

그날 허술한 차림으로
소나기 속에 몸을 던졌다
갈수록 비는 거세고 바람까지
천둥번개를 몰고 왔다
지나가는 길목 발자국마다
비에 섞인 눈물 흩뿌려도
그 사람은 보이지 않아
본의 아니게
남의 추녀 밑에 은신하는
신세가 되었다

애당초 나서지 말아야 할 길을
앞산 봉우리 거악스런 비 구경이나 할 것을
걷기를 그만두었던가
물에 빠진 생쥐 집에 들어서니
그 사람은 이미 집에 와 있었다
나는 아랫길 그는 윗길

만남은 또 이렇게 비껴가는 길임을
나 몰랐던가
나 울었던가

벚나무 한 그루

봄 울타리를 열고
언젠가 마음에 걸어 둔
열병처럼 그를 찾아 나선다

꽃그늘 올려다보면 그의
촉촉이 젖어 따슨 눈빛이
내 안의 녹슨 문을 두드린다

별을 바라보듯 그의 곁에서
오래오래 머물고 싶은
속살 맑은 아늑한 사랑

보석처럼 빛나는
환한 열린 고요
눈부시어 고개 떨군 나는

시간의 발끝에 뒤돌아서서
쏟아지는 별을
내 안 깊숙이 묻는다

무화과

7월 장마 속에
속살 깊이 숨겨둔
붉은 부끄러움아
사춘기 처녀의 젖가슴인 양
터질 듯 부끄러운 긴장을
한여름 두더위 속에
달콤한 속삭임으로 감춘
아, 부끄러움이여
말없이 제자리 지키고 선
차마 꽃 피우지 못한
내가 짝사랑하는

부끄러운 사랑아

달맞이꽃

작은 별들이 제자리 찾을 무렵
하늘이 열린다
어디선가 토옥 톡, 톡, 톡
달빛 아래 수줍은
달맞이꽃 피는 소리는
여인의 속살 터지는 소리
진달래 개나리 지나간 빈자리
채워가며 채워가며 접어 두었던 말
달덩이 가슴 터지는 소리
달맞이꽃 뜨거운 입술이
열린 하늘을 덮는다

들불

홀로 떨어진 왜가리 한 마리
한 무리 함께 날지 못하고
육지와 타협할 수 없는
섬이 되었다

관이 맑은 섬 하나
누구를 애타게 기다리는 듯
마른 갈대 소리에 귀 세우며
야윈 다리 시린 외발로
자갈돌을 헤집어 목이 아프도록
진실을 쪼아쪼아 그리운 눈알

푸른 날개 몸속에 감추고
깊은 상처 딛고
설움의 덩이로 선
저 들불 같은 가슴을
누가 읽으리
누가 또 읽어 주리

청솔 그늘에 누워

오월 맑은 날
산까치 떼지어 울어대는
청솔 그늘에 누워
가지 끝에 치솟는 솔순을 바라본다
파란 하늘 찌를 듯
지칠 줄 모르고 창궐하는 저 새순들
나는 왜 저것들과 어울려
함께 춤추지 못하고

젖은 마음 기대어 쳐다만 볼까
대책 없는 마음 푸른 영혼들에
불 지피지 못할까
나도 황홀하게 춤추고 싶다
불타는 영혼 보고 싶다

그대
울적한 날

청솔 무성한 숲으로 가서
젖은 마음 가지 끝에 걸어 보라
오월 참 맑은 날

가을 편지

아버지 몸져 누워 앓으실 때
마당 어귀 사루비아꽃
한창 불탔습니다

그해 가을
불붙는 사루비아꽃 끝내
아버지의 병환을 태우지 못했습니다
맑고 까슬한 바람 불어와도
젖어만 가는 아버지의 몸과 마음을
말리지 못했습니다
이승과 저승의 설움의 거리
그리도 황망한 거리인가요

탱자나무 울타리를 돌면
노란 잔디 이불이 보입니다
가을빛 소복이 머금은 날
아버지 즐겨 부르시던

시조창이
사루비아꽃보다 더 붉게
앞산 마루에 타오릅니다

먹구름

네가 쳐 놓은
검은 차양 위로
새가 날고
비행기가 날고
인동덩굴이 난다

함께 날지 못하는 새
기다림의 날개
입 막은 새 배고프다

가을 찬바람이 하늘을 밀어 올리듯
두 손 마주잡고
덕석말이로 너를 밀어 올리면
보고 싶은 얼굴 못다 한 소망
어깨 나란히 비상의 날개 펼 수 있을까
둘이서 발 맞추어 걸을 수 있을까

울컥, 쏟아지는 눈물
섬광처럼 스치듯
빗나간 화살 화살들
누구의 가슴도 꿰뚫지 못할
먹구름의 수청 바이 들 바 없으리

석양

나는 시방 눈물입니다
빠알간 눈을 뜨면
허공의 깊이로 꽃이 핍니다
천지가 눈물이라도
슬프지 않는
나는 자유입니다
새물이 솟아나듯 끊임없는
황홀한 연정
바다 끝자락에 마음자락 펴고
처연한 알몸으로 눕습니다
잠들 수 없는
내 안의 눈물은
따뜻한 보석입니다

너럭바위

풍류동 계곡 소리길 들어서니
단풍잎 풍성한 오색 소리 들린다
무릉도원의 너럭바위 님 부르는 소리
풍성하여라
깊은 소沼 푸른 물소리
정갈한 내면의 울림
굽이굽이 설레는 꿈의 발자국
흥건하다
하고 싶은 말 품고 앉은
희고 고운 천연의 학이여
네 곁에 사알짝
해인사 범종소리로 앉고 싶다

꽃대를 기다리며

하루에도 수십 번 난蘭 가까이
꽃대를 기다린다 언제
마음 활짝 열어 보여준 적 없이
위안의 말 한마디 건네준 적 없이
그의 향기까지 바라고 있느니

영원히 간직하고 싶은
어둠 한 자락 과감히 버린다면
잔잔한 웃음 속에 무슨 말을 감춘 듯한
선한 눈매, 그 얼굴을 볼 수 있을까

아, 버린다는 것은
담력의 크기를 재는 일인지도 몰라

하루에도 수천 번 나를 흔들어 깨워
맨 처음 그를 보았을 때처럼
황홀한 빛과 함께
미완의 골짜기 벗어날 수 있다면

들여다보고 또 봐도 캄캄한
세월 한 웅큼 주름잡아
어둠이 커지기 전에 조금씩 떼어
우주 밖으로 아주 던져 버리면
푸른 꽃대 만날 수 있을까

꽃은 그 자리에

저기
걸어가는 사람
꿈을 업은 사람

그만이 산책할 수 있는
오솔길 위에
그만이 즐길 수 있는
오두막을 향해
벼랑 끝을 짊어진 사람

나그네는 집을 찾아
길 떠나는데
꽃은 그 자리에
말없이 자취 남기며
가볍고 밝은
산 하나 보듬고 섰네

저녁 빛

산그늘 내린 광안리 앞바다
대교의 불빛은 일러
하얀 병풍으로 둘러서고
짙은 녹색의 초원 같은 바다의 눈빛이
나를 끌어안는다

우러러 다가오는 그 깊은 속내
그늘이란 이렇듯 넓은 품인 걸
너럭바위 같은 그의 품에 안겨
향기로운 사랑에 빠진다

내가 그의 품을 벗어나지 못하고
숙연해지는 내 삶의 무게에
괴로워하고 있을 때
나를 건져준 것은 하얀 병풍 아래
산그늘을 앞세운
푸른 저녁 빛의 손짓이었다

갯벌

발이 부르트도록 뻘밭 헤매어
싱싱한 사랑 하나 캐고 싶다
어둠 걷어낸 빈자리
젖은 가슴 마주하고
보석인 양 만지고 싶은
그런 사랑 하나 건지고 싶다

난무하는 말들의 발자국에 찍힌
화해할 수도 피할 수도 없는 현실
함부로 버린 검은 물을
단숨에 들이키고도
주린 배를 채워야 하는

바다 기슭 비릿한 삶 하나
폭포처럼 쏟아지는 꿈의 발자국
위태로운 발자국
보듬고 싶다

플랫폼

조용히 미끄러지듯
떠나 보낼 수 없어서
한사코 큰 소리로
울부짖으려 하는가
멈칫멈칫 뒤돌아보며
보석처럼 줍고 싶은
청곡사 백일홍 같은 정
아직도 추스를 일 많은 눈물
좀처럼 막 내릴 수 없는
그대 뒷모습

4 하얀 철새

하얀 철새

오늘도 적적한
공원 한 귀퉁이 핵가족에 밀린
하얀 철새 한 무리
외로움의 먹이에 걸려
세상의 울분 삼켰다 토하는
어제까지 멀쩡하던 그가
오늘 보이지 않으니
설움의 덩이로 떨어졌나 보다

남루한 마음 걸어 둘 자리 없이
무엇이 자꾸 어긋났다는 생각만
꼬리를 물고
언제 어디를 날아가야 할지
초점 없는 눈동자 위로
남루한 위안의 바람벽을 뚫는
하루 이틀

눈물 그렁그렁한 눈에는

 눈물 그렁그렁한 눈동자 속에는 들불처럼 피아나는 그리움의 색이 묻어온다 믿고 믿었던 것들에 대한 배반의 색이 운다 삶에 부딪쳐 일어나는 피멍 같은 색이 운다 끝내 가닿지 못하는 혼돈과 분열의 색이 운다 덩달아 운다. 이것도 저것도 아니라고 밀쳐둔 먼 길 걸어온 열린 길이 파랗게 웃는다

골목과 아이들

 골목길이 하오를 기다린다 쓸어 놓은 길 위에 한바탕 뒹구는 소리 쏟아부을 아이들을 기다린다 아이들이 하나둘 모여들면 적막은 적막이 아니다 신나는 땅따먹기에 한창 열이 오르면 금 그어 놓은 땅은 더 이상 넓어지지 않고 허약한 골목의 강장제가 되던 아이들은 힘이 남아 공을 찬다 공은 이리저리 돌다가 함부로 던진 돌이 되어 여린 대추나무 가지를 후리치고 저문 길 위에 굴러간다 바퀴를 단 아이들 바퀴를 단 골목길

대추나무 앞에 서면

대청마루 오손도손 열두 식구
사람으로 나서 사람 되는 일 일러주신
아버지
하얀 모시옷 입고 대추 흰꽃을
함지박에 쓸어 담는
인내와 침묵을 무기로 삼으신
어머니

강물처럼 맑게 살라 하신
그 목소리 배여 있는
아직도
집 앞 그 강물은 흐른다

선물

서툰 날갯짓으로
창공을 밀어내 봅니다
빈 둥지 고요 속엔 당신이
남기고 간 눈물꽃이 흥건합니다
잿빛 하늘이 서럽거나
왁자한 꽃잎이 열리고 꽃잎이
떨어질 때에도
눈물은 명약입니다 그 눈물
아껴 쓰라구요 아닙니다
당신께 드리는 마지막
선물입니다

봄, 소리

잔설의 길을 걷다가
마른 풀섶 속 샛노란 얼굴 내민
복수꽃의 나직이 부르는 소리에 나는
몸을 낮추고 와락 달려든다

연둣빛 마음 숨긴 여민 옷깃
방긋 웃는 그녀와 함께
가는 길 멈추고 한 이틀 쉬었다 갈까

보랏빛 패랭이꽃 일제히 일어서고
버들가지 움트는 새소리
애처로운 적막의 징소리

봄의 장단에 맑은 미소 절로 나와
친구여
하루쯤 들녘으로 나가
자연의 숨소리에 귀 기울여 보렴

윤슬

잠시 오수를 즐기고 일어나니
윤슬로 반짝이는 낙동강물이
강이 보이는 집을 통째로 흔든다
기이하여라
저 함성의 눈빛
흔들리지 않으려고 무엇을 잡거나
흔들려서 무엇을 잃거나
넘치듯 소리지르는 힘찬 팔뚝도
침묵으로 소리지르는 힘센 심장도
코로나 바이러스에 얼룩진 봄날은 가고
꽃은 피고 꽃은 지고
모두가 제 갈 길 찾아 길 떠나는데
누가 자연의 심연에 칼을 대었는가
오장육부 모두 일어나서
신선한 자연을 일깨워야 하리

호접난

화려한 날개춤으로 날아온
잔치 한마당
다소곳한 자태 주고받으며
가까이에서 멀리서 향기로운
사랑에 빠졌지

만날 때 우리는 이미
이별의 서곡을 예감했지만
흐르는 세월 앞에
그윽히 익어가는 추억 한 접시

마셔도 마셔도 배고픈
먼 산 바라볼 틈 없이
초라한 등불로 버티다
명계冥界로 떠나는 날
아픔 없는 곳 마른 목 적시며
하얀 비단길 밟고 가소서

고정관념

 그리하여 우리가 몸속 근질근질 내밀한 꿈 하나씩 키우다면, 어떤 사상이라든가 미움이라든가 또는 미덕을 과장하여 말하여야 할 것을 말하지 못하고 생각의 틀에 발이 묶여 길이 있어도 선뜻 길 밖으로 나서지 못하는 손이 있어도 상처의 손으로는 더운 가슴 만날 수 없는, 후일 다시 꽃피우려는 매혹의 날개 달 수 있을는지

일출

  오사카항을 떠나 시드니로 가는 비행기 창밖 칠흑 같은 긴 밤 지친 생각들 부수고 상기된 얼굴 우렁찬 함성으로 다시 일어서는 태양 온누리 그 정념 덮혔네 낯선 곳에서의 그와의 만남은 새로운 정 풋풋한 내음 유난히 빛나는 그의 눈빛을 정면으로 볼 수 없어서 나는 주변을 서성이다 그의 옷자락 속으로 설레는 마음 숨긴다 만남의 깃발은 지칠 줄 모르고 출렁이는데 갈 길 먼 나그네 어둠 걷어낸 그의 뒷모습 돌아보며 돌아보며 시간의 등에 아쉬운 마음 걸어두고……

문경새재
– 해국사 가는 길

눈 온 뒷날
더 푸른 초록의 향연
얼음 속 개울물 소곤소곤
해국사 가는 길은
선비의 마음 헤는 길

산천은 말이 없는데
내 마음이 자꾸 시끄럽다
눈밭에 발돋움한 청솔가지 사이로
박달나무 시린 어깨 위로
서럽도록 고운 하늘빛이
마음과 마음 잇는
눈부신 길 위의 동행임을

옛길 나그네 달뜬 마음
어쩔까……
되돌아 걷는 길 위에서

오르는 길에서 못 본
여린 생명들의 마음밭에
조심스런 발자국만 남긴다

헝가리

 다뉴브강 야경의 무수한 별들이 등불을 끈 아침 부다는 은빛 몸짓으로 강 너머 수려한 얼굴의 페스트를 부른다. 체인교를 사이에 두고 뒤척이는 그들의 숨소리가 보석처럼 빛나는 수천 개의 비늘로 일어선다. 부다와 페스트는 밤마다 별빛의 창 아래 양팔을 펴고 서로 밀고 당기다 잠이 드는지 뜨거운 입술로 밤이 새도록 싸우는지 몰라.

폼페이

베수비오산은
시치미 뚝 떼고 말이 없다
로마가 지중해 전역을 지배할 때
더욱더 활기찼던 도시
중앙 교회당을 들어선다

항구 특유의 흥청거림
사창가 입구는 윤기 흐르고
귀족의 말발굽 소리에 놀란
베수비오산의 노여움이었을까

6미터의 화산재에 수십 세기 묻혔다가
되살아난 기적의 땅덩이
피 흘린 상처 곳곳
투명한 햇살의 메아리로
섬세한 양식의 유적들
푸른 불꽃 내뿜는다

데카포 호수
- 뉴질랜드 기행 1

서던알프스산맥을 넘다
옥색 열두 폭 치마 입은
한 여인을 만났다

청자빛 눈망울의 그 여인을
와락 껴안은 나는
비단결 같은 그녀의 옷고름을 풀고
더운 숨결 벌컥벌컥
단숨에 그녀를 들이켰다

멀리 지켜선 쿡산이
구름으로 정수리를 가리고
펑퍼짐히 눌러앉아
쉼 없이 만년설을 분만하는데

보석처럼 피어나는 체취
그녀를 품고 앉은 나는

채근하는 시간 앞에
파란 하늘빛이 서러웠네

밀포드 사운드 가는 길
– 뉴질랜드 기행 2

피오르드 국립공원 밀림을 지나다
짙은 음영에 휘감긴
키 큰 리무나무들의 욕심을 보았다

이끼 속에서 태어나
서로 하늘을 차지하려다
이끼에 휘감겨 죽어가는
그들 아래

잔열처럼 일어나는 어린 너도밤나무
손톱 같은 잎사귀들
태양을 향한 갈증의 고함 소리에
놀란 양치류 식물들
멋모르고 웃자라기만 하는데

우리는 거울 호수에서
두꺼운 얼굴의 때 씻어내고
원숭이 냇물로 굴욕의 주름 밀어내고

천 길 실폭포 병풍 속으로 빠져들다
협곡을 지나 평원으로 흐르는
마음 마음들

원시림 속의 흉터
- 뉴질랜드 기행 3

빙하시대의 눈덩이가
예측할 수 없는
폭발적인 눈사태로
고목의 너도밤나무들
약속이나 한 듯
함께 무너졌으니

뿌리 내릴 곳
적당한 표토층도 없이
얼기설기 서로 어깨 맞추다
나무와 나무들 함께 쓰러졌는가

억겁의 세월 지나도
눈뜨지 않는
원시림 속의 허연 흉터
너도밤나무들의
휘파람 소리로 누운 자리

로마 소나무

나폴리를 향해 아피아 가도를 달린다
일렬종대로 선 소나무가
로마 병정들의 승전가 부르며
금관 쓴 머리 맞대어 인사한다
힘찬 말발굽 소리 들리는 듯
군사들의 힘이 되어준 그들
오늘의 이태리에 울타리로 섰는가

운무처럼 떠도는
시끄러운 세상 어두운
인연의 갈등 가라앉힐
소나무야
네 투명한 관의 향기를 닮고 싶다

해설

근원을 향한 강물의 시인
−생성과 소멸의 감수성이 닿은 자리

박 대 현
문학평론가

 김덕침의 시집은 강물의 이미지를 중심으로 생성과 소멸이 끊임없이 소용돌이치는 내면 풍경을 섬세하게 그려내고 있다. 마치 거대한 강물이 끊임없이 흐르듯, 시인의 내면 또한 끊임없이 변화하고 움직이며 새로운 의미를 생성해낸다. 이러한 과정은 곧 시인의 자기 성찰이라는 내면의 여정과 맞닿아 있다. 시인이라면 누구나 예민하게 지니고 있는 자기 존재를 향한 응시는 살아온 세월의 무게가 더해질수록 더욱 깊어진다.
 특히 이 시집은 자기고백으로서의 서정성이 짙게 깔려 있어, 시인의 개인적인 감정과 경험이 생생하게 드러난다. 서정성은 단순히 감정의 표현을 넘어, 시인의 내면 깊숙한 곳에서 우러나오는 울림을 통해 독자와 소통하고 공감을 이끌어낸다.

강물이라는 이미지는 단순한 자연의 풍경을 넘어, 시인의 내면을 비추는 거울과 같은 역할을 한다. 끊임없이 흐르는 강물은 삶의 흐름을 상징하며, 동시에 시인의 기억과 감정이 끊임없이 변화하고 소멸하는 과정을 은유적으로 표현한다. 이러한 과정에서 시인은 결핍의 감정을 경험하고 그 속에서 근원을 향한 동일성의 욕망을 느낀다. 그것은 주로 그리움의 정서로 드러나는데, 시인이 담담하게 진술하고 있는 일상의 소소한 풍경들 속에 그리움의 정서가 녹아 있는 것도 바로 이 때문이다.

시인은 강물을 관조하듯이 스스로의 삶을 되돌아보며, 깊은 사색에 잠긴다. 강물이 과거의 흔적을 품고 흘러가듯, 시인의 기억 또한 현재의 시를 통해 과거와 연결된다. 이러한 연결 의식은 시인에게 자기 삶을 관통하는 자기 존재에 대한 질문을 던지게 한다. 시는 본질적으로 자기 성찰이다. 자기 성찰은 단순한 과거의 회상을 넘어, 현재의 자신을 규정하고 미래를 향한 비전을 제시한다. 시인의 시는 삶의 표면을 넘어 그 이면에 숨겨진 진실을 탐구하고자 하며 궁극적으로는 자기 완성이라는 목표를 향해 나아가는 원동력이 된다.

    결국 이 시집은 강물이라는 이미지를 통해, 시인의 내면을 탐험하는 여정을 보여준다. 이 시집은 단순한 자연의 풍경을 묘사하는 것을 넘어, 인간 존재의 근원적인 질문을 던진다. 일상의 풍경을 담담하게 진술하면서 그리움의 정서를 드러내고 있으면서도 강물이 흐르는 풍경을 관조하듯이 자기 생애를 들여다본다. 그러니까 이 시집을 관통하는 지배적인 이미지는 강물이다. 그러나 그 저류에는 자기 생애의 심층을 날카롭게 통관洞貫하는 자의식이 깔려 있다. 다음 시를 보라.

> 생각날 때마다
> 무심코 쳐다보는 거울이 돌연
> 나를 불러 세운다
> 거울 속의 눈이 거울 밖의 눈을
> 꿰뚫어 본다
> 서로의 눈이 맞닥뜨려
> 밀고 당기다 보면
> 난데없는 까마귀 소리 귀를 스치고
> 뿌리째 흔들리는 나무를 본다
> 그렇다 예사로운 일이 아니다
> 사방은 벽으로 둘러서고

> 닿을 수 없는 곳으로 닿지 못하는
> 가슴을 휘젓는 의문들은
> 거울 속의 새로운 얼굴이 무서워
> 거울 속의 나를
> 거울 밖으로 끌어낸다
>
> — 「거울 밖에서」 전문

이 시는 주체의 메타의식에 관한 전형을 보여주는 시다. 익히 알려진 대로 거울은 주체를 메타주체로 전환시키는 가장 효과적인 매개다. 다만, 거울을 통해 메타의식을 드러내는 시적 긴장의 강도에는 시인의 역량이 절대적으로 작용하는데, 이 시는 거울 밖의 나와 거울 속의 나 사이에 벌어지는 긴장의 양상을 잘 구현해낸다. 거울은 일상적인 사물이다. 어딜 가든 거울이 있다. 대부분 무심코 지나간다. 그러나 "거울이 돌연/ 나를 불러 세우"는 순간이 있다. '나'와의 불화가 시작되는 순간이다. "거울 속의 눈이 거울 밖의 눈을/ 꿰뚫어 본다". '꿰뚫어 보는' 눈은 말 그대로 이면에 감추어진 바를 간파해내는 눈이다. 감추어왔던 사실이 간파당할 때 평정을 유지하기 힘들다. 시의 화자는 "뿌리째 흔들리는" 동요를 느낀다. "거울 속의 눈"은 '나'의 눈이고, "거울 밖의 눈"도

'나'의 눈이다. 하지만 '나'를 꿰뚫어보는 "거울 속의 눈"은 '나'의 자명성을 파괴하는 눈이다. 자명했던 '나'의 정체성은 뿌리부터 흔들리고 '거울 밖의 나'는 저항한다. 이 시는 "거울 속의 나를/ 거울 밖으로 끌어낸다"고 진술하고 있으나, 그것은 쉽사리 '나'로부터 제거할 수 있는 대상이 아니다. 불현듯이 '나'에 대한 성찰을 요구하는 자의식이자 가끔씩 대면할 수밖에 없는 자기 안의 거울인 것이다.

시인이 거울을 통해 발견하게 되는 것은 '나'라는 낯선 존재다. 상상계 속의 '나'는 거울이라는 매개를 통해 완전히 무너진다. 시적 화자는 '거울 속의 나'를 통해서 스스로의 실재를 확인하게 되는 것이다. 그리고 그 실재를 확인하는 것으로부터 자기 성찰이 가능해진다. 그 실재란 무엇일까. "거울 속의 새로운 얼굴"은 '무서운' 실재의 얼굴이다. 그것은 많은 것을 함축하지만, 이 시집을 가득 채우고 있는 생성과 소멸에 대한 사유를 고려할 때 "바람의 생채기 따라가다/ 어지러운 한 생을 사뿐히 내려놓습니다"(「먼지의 독백」)는 독백의 순간은 생의 변곡점을 이룬다. 이 독백은 자기 소멸의 감수성과 무관하지 않은 것이다.

모든 생명은 생성에서 소멸을 향해 나아간다. 생성에서 소멸로 나아가는 순간을 한 개체의 생물학적 삶의 전환점이라 할 수 있다. "어느 바람에 숨어 왔을까/ 민들레 꽃씨 하나/ 내 방에 들어왔다/(중략)/ 방안에는/ 그도 없고 나도 없다"(「민들레를 찾아서」)는 부재의 감각은 소멸의 감성에 진입한 이후에라야 시인의 내면에 들어앉기 마련이다. 시인은 어느덧 자신의 부재를 감지하기 시작한다. 존재와 부재의 경계를 넘나드는 사유는 필연적으로 소멸의 감수성에 부착되어 있다. 그리고 그것은 시간의 흐름에 따른 결핍의 감수성을 근간으로 한다.

세월이 벌목해 간 빈터를
뭇새들의 놀이터로 내어준다면
외로움은 저만치서 주춤거리겠지

한세월 그러하였노라는 말
다 무슨 소용 있으랴

모진 비바람에도
흔들리는 가지는 부러지지 않으리

울창한 삼림은 다시 볼 수 없어
어찌 아름답고 즐거운 일만 가득하리

넘치지 않는 피안의 길
변함없이 서성거리는

― 「공간」 전문

  시집의 첫 시로 수록된 위 시는 시인이 현재 도달한 시적 감수성을 집약적으로 드러낸다. 지난 삶을 통관하는 시인이 서 있는 자리는 "세월이 벌목해 간 빈터"다. 울창했을 젊은 날의 숲은 세월이 벌목해버린 상태다. "벌목"은 상실과 박탈의 의미를 지니지만, 시인은 그 "빈터"를 "뭇새들의 놀이터"로 내놓을 줄 안다. 젊은 날은 욕망의 나무로 빽빽한 숲이었을 것이다. 그러나 세월은 욕망이 헛된 것임을 깨닫게 한다. 욕망이 환상이라는 것을 깨닫는 순간, 내면에는 '빈터'와 같은 사유와 성찰의 공간이 형성된다. 물론 욕망의 나무가 벌목된 후에 황량한 마음이 전혀 없을 수 없다. 시인은 그것을 "외로움"으로 진술하고 있지만, "빈터"를 "뭇새들의 놀이터"로 내어주는 순간 시인의 내면은 "외로움"을 넘어선 보다 드넓은 "공간"의 부피를 받아들이게 된다. 그 공간은 "넘치지 않는 피안의 길"이다. 개체로서의 자아를 넘어선 무한으로서의 공간이 "피안"이다. 시인은 협애한 자아를 벗어나 광활하게 펼쳐진 공간 언저리를 서성인다. 그럼에도 불구하고 시인의 서성이는 그림자는 모종의 쓸쓸함을 지니고 있다. 왜 아니겠는가. 인간은 무한한 공간 앞에서 자기 소멸을 견디는 자에 지나지 않는다. 시인은 자기 존재의 거처였던 공간을 서성이면서 그 공간이 이루게 될 '피안'으로의 초월적 전환을 감지하고 있다. 그것은 필연적으로 자기 소멸의 감수성을 통해서 완성된다.

자기 소멸의 감수성은 어디서 비롯되는가. 생명으로서의 인간은 필멸의 운명을 모면하지 못한다. 자기 소멸을 깨닫는 순간부터 벗어날 수 없는 감수성이다. 그러나 젊은 시절에는 소멸이 유예된 소멸로서 자신과는 무관한 것으로 간주되면서 실존적 위협이 아닌 미적 감수성으로 자리잡는 경우가 대부분이다. 그러나 노년의 삶으로 진입하게 되면서 소멸은 실존의 문제가 된다. 미적 감수성을 넘어 실존의 영역으로 침투하게 되는 것이다.

>한판 승부는 끝났다
>
>입원실 넓은 창 너머로
>햇살 반짝이는 잎새들이
>깊은 가을을 파도친다

링거 줄에 묶여 있어도
시방 나는 자유다
누워 있어도 환한 햇살
지켜 선 파란 하늘이 있어서
나는 행복하다

뜨거워서 뜨거워서 막힌 눈물
눈물의 길을 열어
맨발로 뛰어 바다에 가 닿으리

- 「제2병동」 전문

이 시는 시인의 체험을 진술하고 있는 것으로 보인다. "한판 승부는 끝났다"는 간명한 진술 속에 삶과 죽음의 경계를 넘나든 이의 내면이 요동치는 듯하다. 그것은 생명을 향한 개안開眼이다. "입원실 넓은 창 너머로/ 햇살 반짝이는 잎새들이/ 깊은 가을을 파도친다". 시인은 "링거 줄에 묶여 있어도/ 시방 나는 자유다"라고 되뇐다. 그리고 "환한 햇살"과 "파란 하늘"에서 비롯되는 "행복"을 느낀다. 그렇다면 "한판 승부는 끝났다"는 진술은 병마를 이겨낸 시인의 벅찬 감회를 드러내는 것인가. 보다 주목해야할 것은 감회 속에 배어 있는 유한성의 자각이다. 생명에 대한 경외심은 유한성의 자각에서 비롯되며, 생명의 근원인 "바다" 역시 "입원실"의 대척점을 형성하면서 "눈물의 길"이 되는 것이다. "한판 승부는 끝났"으나, 시인은 삶과 죽음의 경계를 체험함으로써 유한성과 생명에의 경이를 동시에 감득하고 있다. 그래서인가. 시인은 자연과 생명에 대한 형상화를 다채롭게 펼쳐낸다. 아래 시를 보자.

> 강물에 실려
> 호수로 들어온 죽은 갈대가
> 마디마디 푸른 새싹을 틔워
> 죽음이 삶이 되고 삶이 죽은 것이다
> 질펀히 눈 뜬 새 삶
> 자연에 순응하는 물의 힘일까
> 죽음에 항거하는 갈대의 힘일까
> 날개를 단 갈대, 또 어디로 떠나
> 자유의 몸이 되려고
> 부신 햇살 부담스러워
> 바람의 물결 뒤에 몸을 숨긴다
> 죽은 갈대들의 거대한 모의
> 무질서가 질서인 세상 밖으로 떠날
> 채비에 분주한 생명들 이제
> 누구의 명령을 기다리는가
>
> — 「생명 1」 전문

시인은 강을 통해 생성과 소멸이 순환하는 풍경을 바라본다. "강물에 실려/ 호수로 들어온 죽은 갈대가/ 마디마디 푸른 새싹을 틔워/ 죽음이 삶이 되고 삶이 죽은 것"이 되고 마는 풍경을 말이다. 자연은 순환한다. 삶에서 죽음으로, 죽음에서 삶으로. 그것을 두고 고대 철학자 헤라클레이토스는 '만물은 흐른다'고 했다. 만물은 뭉쳐졌다가 흩어지고 다시 뭉치는 과정을 반복한다. 생명체 역시 예외는 아니다. 사람조차도 그 흐름의 과정 속에 있다. 그 흐름의 과정이 자연이다. "질펀히 눈 뜬 새 삶"은 "자연에 순응하는 물의 힘"인 동시에 "죽음에 항거하는 갈대의 힘"이다. 시인은 순응과 저항의 길항하는 힘 속에서 세계를 응시한다. '갈대'는 시인을 드러내는 객관적 상관물이다. 그것에서 시인은 자신의 운명을, 생명의 궁극적인 운명을 마주하고 있는 것이다. 시인은 삶과 죽음의 순환고리 속에서 "날개를 단 갈대", 그리고 "자유의 몸"을 꿈꾼다. 하지만 이조차 시인에게는 아득한 일이다. "무질서가 질서인 이 세상 밖으로 떠날/ 채비"를 하더라도 그것은 궁극적으로 "누구의 명령", 즉 자연의 섭리를 따라야 하는 일이기 때문이다.

자연의 섭리는 무엇인가. 자연의 섭리를 온전히 알 수

는 없으나, 자연은 엔트로피(무질서도)가 증가하는 방향으로 흘러간다는 것은 명확하다. 그 흐름 속에서 생명은 엔트로피를 거스르는 독특한 존재다. 생명은 엔트로피의 증가에 역행하여 생명 내부의 네겐트로피(질서도)를 증가시킨다. 그러나 생명은 외부의 에너지를 사용하여 내부의 질서를 유지하는 것이므로 자연 전체의 엔트로피를 증가시킨다. 생명조차도 자연 전체의 엔트로피를 증가시키는 역할을 하는 것이다. 그런 점에서 자연은 열적 평형상태라는 열적 죽음으로 진행될 수밖에 없다. 하지만, 그런 자연(우주) 역시도 생성과 소멸을 무한히 반복한다고 했으니, 생명의 삶 역시 무한히 반복될지도 모른다. 이 무한한 반복 속에서 한 개체로서의 생명은 매우 짧은 것이다. 무한 속에 들어앉은 생명의 명멸明滅은 날마다 반복되는 '석양'의 이미지로 형상화된다.

> 나는 시방 눈물입니다
> 빠알간 눈을 뜨면
> 허공의 깊이로 꽃이 핍니다
> 천지가 눈물이라도
> 슬프지 않는
> 나는 자유입니다
> 새물이 솟아나듯 끊임없는

> 황홀한 연정
> 바다 끝자락에 마음자락 펴고
> 처연한 알몸으로 눕습니다
> 잠들 수 없는
> 내 안의 눈물은
> 따뜻한 보석입니다

- 「석양」 전문

  화자는 '석양'과 동일화되어 있다. 석양은 "눈물"이고, "빠알간 눈"이며, "허공의 깊이로" 피어난 "꽃"이다. 그것은 아름답다. 이 시에서 하루의 소멸이 갖는 무게는 천지天地의 소멸에 값한다. 한 개체의 소멸은 그 개체의 관점에서 온 우주의 소멸과 다르지 않기 때문이다. 개체 하나하나가 온 우주다. 따라서 이 시에서는 하루의 소멸이 "천지"의 "눈물"이다. 화자는 스스로를 "눈물"이라고 칭하고 있음에도 불구하고 "슬프지 않"다는 역설을 드러낸다. 이 역설은 생성과 소멸의 반복 속에서 개체로서의 자유를 추구하고자 하는 화자의 의지를 드러내는 것이라고 할 수 있다. 슬픔의 초극은 어떻게 가능한가. 생성의 황홀을 '소멸'의 과정에서도 느낄 수 있다면 가능하지 않은가. 화자는 "새물이 솟아나듯 끊임없는/ 황홀한 연정"이라고 진술한다. 개체로서의 화자는 생성을 넘어 소멸과의 동일성을 이룬다. 또한 개체의 소멸 이후 "새 물이 솟아"날 새로운 생성까지도 화자 자신의 것으로 동일화하고자 하는 욕망을 드러낸다. 그것이 "황홀한 연정"이 의미하는 바다. 화자는 "바다 끝자락에 마음자락 펴고/ 처연한 알몸으로 눕습니다"라고 진술한다. 생성과 소멸이 소용돌이치는 자연의 군무群舞를 온몸으로 받아들이는 것이다. 그리고 "잠들 수 없는/ 내 안의 눈물"은 "슬프지 않은" 눈물이 된다. 이 '석양'의 '눈물'은 시인의 시적 형상화가 가닿은 동일성의 숭고한 한 경지를 이룬다. 그리하여 시인은 생生과 멸滅을 초극한 내면 풍경으로 나아간다.

시집의 표제작인 아래 시를 보라.

> 메콩강 하류에서
> 튀긴 잉어의 날카로운 비늘을 만났다
> 흐린 강 바닥을 박차고
> 주춤거리던 날개 활짝 펴
> 천상으로 날아오르는 영혼의
> 비명 소리 듣는다
>
> 왠지 쓸쓸하여 나는
> 텅 빈 그의 뱃속을 걸어간다
> 그는 익숙한 표정으로 나를 반기며

남은 한 조각 우울, 훌훌 털고 가라고
죽음은 죽은 것이 아니라
또 다른 생명을 잉태한다고
번쩍이는 비늘의 힘을 보여 주었다

– 「잉어의 비늘은 죽지 않는다」 전문

시인은 캄보디아 메콩강에서 "튀긴 잉어의 날카로운 비늘"을 마주한다. 잉어는 이미 죽어서 튀겨진 상태지만, 그 비늘만큼은 날카롭다. 생명이 있던 것의 완강함이 아닐 수 없다. 시인은 그 비늘을 통해 "흐린 강 바닥을 박차고/ 주춤거리던 날개 활짝 펴/ 천상으로 날아오르는 영혼의/ 비명 소리"를 듣는다. 메콩강에서 펄떡이던 생명체의 죽음은 "날카로운 비늘"로 시인의 시선을 찌르고 시인은 "왠지 쓸쓸"해진다. 생과 멸의 비린 실상 앞에서 시인의 사념은 다시 깊어지는 것이다. 모든 생명은 생과 멸을 반복한다는 점에서 동일하다. 잉어와 시인은 생명체로서 동일한 운명이다. 시인은 이미 죽어 텅 빈 "그의 뱃속을 걸어" 들어간다. 그리고 죽은 그가 "익숙한 표정으로 나를 반기며/ 남은 한 조각 우울, 훌훌 털고 가라고/ 죽음은 죽은 것이 아니라/ 또 다른 생명을 잉태한다"고 전하는 내면의 소리를 듣는다. 한때 물살을 거세게 헤엄쳤던 생명의 "비늘"은 죽음이 끝이 아니라 새로운 생명의 시작이라는 "번쩍이는" 깨달음을 전해주는 것이다.

소멸의 슬픔과 우울은 살아 있는 인간의 내면에서 요동친다. 살아 있는 인간의 숙명이다. 자기 죽음에 대한 불안이 고도로 발달한 인간으로서는 어쩔 수 없는 일이다. 진화의 최전선에서 인간은 시간을 앞질러 자기 죽음을 마주한다. 흐름 속에서 흐름의 전체상을 상상하는 동시에 자기 소멸의 순간을 미리 우울하게 응시하는 것이다. 그것은 주로 강물의 이미지로 펼쳐진다. 강물 이미지가 이 시집의 중추를 이루고 있는 것은 바로 이 때문이다. 그러나 시인은 강의 흐름을 통해서 생과 멸을 사유하는 동시에 생의 근원적인 힘 또한 회복한다. 시인의 감각을 통해 마구 침투해 오는 생기 가득한 강물의 이미지는 삶을 끈기있게 지탱할 수 있는 힘의 근원이 되고 있다.

> 그가 산다는 것은 쉼없이 어디로 떠나고
> 싶은
> 마음이라고,
> 그가 외롭지 않다고 말하는 것은 마른 갈대
> 소리에 귀 세우는
> 바람의 유혹을 견딜 수 있는 힘이라고,
> 산그림자 팔베개로 누운 아침 젖을 물리듯

깊은 고요를 안고
질펀한 기억 속 기다림의 발자국을 강가를
서성이는 물안개로 닦아
하나, 둘 물속으로 밀어넣는 일이라고,
잉어떼 흰 비늘 등에 업고 누구도 넘볼 수 없는
튼실한 뿌리로
산다는 것임을 설익은 비린내에게 말한다

- 「강물은 흰 비늘로 산다」 전문

 이 시에서 '그'는 강의 의인화다. 그러니까 '강'이 "산다는 것"에 대하여 말하고 있다. 강물처럼 불가역적으로 흘러가는 삶들에 대하여 말이다. 강은 말한다. "산다는 것은 쉼없이 어디로 떠나고 싶은/ 마음"이라고. 삶의 시작부터가 흐름이었으니, 우리는 어디론가 흘러갈 수밖에 없고, 흘러간 그곳이 마음에 들든 들지 않든 또다시 흘러갈 수밖에 없다. 흐름 자체가 지겨운 순간조차도 우리는 "쉼없이 어디론가 떠나고 싶은 마음"인 것인데, '흐름'을 벗어나고 싶은 마음마저도 '흐름'을 통해 이루어지는 것이다. 불가역적인 삶의 흐름과 그 삶으로부터 벗어나고자 하는 행위조차도 강물의 흐름을 닮아 있다.
 강물은 삶의 온갖 희로애락의 흐름을 은유한다. 그것

은 매우 정적이면서 동적인 은유다. 인간에게 주어진 거의 모든 삶의 물살들이 모여 강을 이룬다. 삶의 복잡성이 한 줄기 장대한 강으로 변신할 때, 강은 우리에게 삶의 원천적인 힘을 제공한다. "외롭지 않다고 말하는 것"의 의미를 시인은 강을 통해 읽어낸다. "외롭지 않다고 말하는 것"은 "산그림자 팔베개로 누운 아침"의 "깊은 고요를 안"은 채 "질펀한 기억 속 기다림의 발자국을" "하나, 둘 물속으로 밀어넣는 일"이라고 말한다. 그리하여 강이 "설익은 비린내"의 우리에게 전해주는 것은 "잉어 떼 흰 비늘 등에 업고 누구도 넘볼 수 없는/ 튼실한 뿌리"와 같은 이미지다.

그렇다. 강물은 '흰 비늘'로 산다. 강물을 이루는 수많은 삶의 물결이 어우러져 찬란한 윤슬로 빛날 때, 강물은 우리에게 환희가 된다. 마침내 시인은 생성과 소멸의 감수성을 거쳐 자기 완성의 아름다운 시적 순간에 도달하고 있는 것이다. 그 시적 순간은 아름다운 강물의 이미지로 우리 앞에 출현한다. 그가 강물의 시인이 아닐 수 없는 이유다.

잠시 오수를 즐기고 일어나니

윤슬로 반짝이는 낙동강물이
강이 보이는 집을 통째로 흔든다
기이하여라
저 함성의 눈빛

― 「윤슬」 부분